AF586036

Octave-Jacques GÉRIN
Directeur-Fondateur
de l'École des Méthodes de Travail
Ancien Professeur de Publicité
à l'École des Hautes Études Commerciales

LA PUBLICITÉ INDUSTRIELLE

Editions de l' " USINE "
Journal de l'Industrie et de la Métallurgie françaises
Rue de Valenciennes (145, Faub.-St-Denis)
PARIS (X^e)

INSTITUT DE LÉGISLATION PROFESSIONNELLE ET DES MÉTHODES DE TRAVAIL
subventionné
par l'Etat, le Conseil Général, la Ville de Paris,
la Chambre de Commerce et les Grandes Administrations.

ÉCOLE
DES
MÉTHODES DE TRAVAIL

(ouverte aux deux sexes)

BUT : Obtention du haut rendement dans le travail commercial et administratif par la vulgarisation des méthodes et du matériel modernes.

CHAMP : Etude analytique du travail, suppression de l'effort inutile, reconstitution du travail efficient. La psychologie appliquée à tous les individus du monde administratif et commercial. Tout le matériel et machinisme administratif et commercial. Tous les services : Secrétariat, Documentation, Fournisseurs, Clientèle, Publicité, Correspondance, Classement, Statistique, Recherche des aptitudes des auditeurs.

CARACTÈRE : uniquement de l'ordre pratique. — Rien n'est enseigné qui n'ait été réalisé et employé avec succès. Démonstrations et applications nombreuses.

CORPS ENSEIGNANT : des spécialistes exclusivement.

DIPLOMES : Les auditeurs ayant subi avec succès les examens de sortie ont droit à un diplôme.

HEURES DES COURS : Le soir, dans l'intérêt de ceux qui ont une situation ou fréquentent dans la journée d'autres établissements.

PROGRAMME ET CONDITIONS D'ADMISSION : Un programme détaillé est envoyé gracieusement sur demande.

COMITÉ DE PATRONAGE

MM. AUBERTIN, Administrateur de la Compagnie des Chemins de Fer de l'Est et de la Compagnie des Omnibus. — BARRIOL, Administrateur de la "Prévoyance". — BERTHELEMY, Membre de l'Institut, Professeur à la Faculté de droit de l'Université de Paris. — BOCQUET, ancien Président du Comité des Assureurs maritimes, Directeur du Comptoir Maritime. — BOYER, Président du Conseil d'Administration du Comptoir Général d'Escompte. — DAL PIAZ, Administrateur-Directeur de la Compagnie Générale Transatlantique. — FROMAGEOT (Robert), Directeur de la Compagnie Centrale d'Assurances Maritimes. — GODARD, Directeur général de la Société des Chantiers et Ateliers de Saint-Nazaire (Penhoët). — HALFON, Président de la Banque Transatlantique. — LEBON (André), ancien Ministre, ancien Président du Conseil d'Administration des Messageries Maritimes, Président du Crédit Foncier d'Algérie et de Tunisie. — LEGRAND, ancien Président de la Chambre de Commerce de Paris. — LEHIDEUX (Roger), Président de la Chambre Syndicale des Banquiers de Paris. — MOREL, Gouverneur du Crédit Foncier de France. — MUSNIER, ancien Président du Conseil d'Administration des Messageries Nationales, Administrateur des Messageries Maritimes, Vice-Président des Forges et Chantiers de la Méditerranée. — PELLERIN de LATOUCHE (de), Président de la Compagnie Générale Transatlantique, Administrateur de la Compagnie des Chemins de Fer du P. L. M. — RAY, Directeur de "La Nationale-Vie". — SAINT-GIRONS, Directeur Honoraire aux Etablissements Schneider.

Directeur :
Octave-Jacques Gérin

IMPORTANT :
La correspondance doit être adressée au Secrétariat : 6 rue du Rocher (VIIIe)
Le Secrétariat est ouvert tous les jours de 17 à 19 heures, sauf les samedi et jours fériés.
Tél. : Wagram 85-42

Siège et Cours :
16, rue de l'Abbaye
PARIS (VIe)

Secrétariat :
Rue du Rocher, 6
PARIS (VIIIe)

BIBLIOTHÈQUE DE L'USINE

LA PUBLICITÉ INDUSTRIELLE

PAR

Octave-Jacques GÉRIN

Directeur-Fondateur
de l'École des Méthodes de Travail

Ancien Professeur de Publicité
à l'École des Hautes Études Commerciales

Éditions de l' " USINE "

Journal de l'Industrie et de la Métallurgie françaises

Rue de Valenciennes (145, Faub.-St-Denis

PARIS (X^{e})

A ceux qui "*voudraient*"

Ceux qui « veulent » m'ont devancé... Convaincus, avant que j'aie parlé, ils ont fait, de la publicité, leur source principale de profits.

***

Ceux qui « voudraient » gagner plus et qui hésitent à employer le grand promoteur de la vente n'ont besoin, pour en être de fervents adeptes, que d'entendre quelques paroles précises, concrètes, probantes. Ces paroles, les voilà, toutes simples, dans les pages qui suivent.

Elles ont un mérite, peut-être le seul : condenser une expérience pratique. Celle-ci se mesure par plus de vingt années de vie commerciale et industrielle, dont dix au service publicitaire des autres. Ces autres se dénombrent aujourd'hui au-delà de deux cent cinquante, et leurs entreprises, grandes ou petites, représentent presque toutes les conditions dans lesquelles la publicité peut se manifester. Le savoir propre de l'auteur importe donc moins, ici, que l'acquit totalisé par ces deux cent cinquante entreprises.

C'est pourquoi cet ouvrage n'est livre de pédagogue, ni d'amateur, ni de lettré ; mais il est de la substance commerciale réelle. Dans les feuillets que vous allez lire, rien d'affirmé qui n'ait été réalisé, analysé, contrôlé. Aussi ai-je conscience, malgré l'imperfection dont cet exposé est tissu, d'avoir, une fois encore, accompli ma tâche, dans la mesure dévolue à mes forces. Mes paroles seront certainement entendues et adaptées par chaque lecteur, à son cas propre. Mon effort sera donc productif. Et c'est la plus belle récompense que je puisse désirer.

O.-J. GÉRIN.

Septembre 1919.

L'USINE

LA PUBLICITÉ
INDUSTRIELLE

OUVRAGES DU MÊME AUTEUR

La Publicité Suggestive . . . . *épuisé*

(Cet ouvrage est honoré d'une souscription du Ministère du Commerce et d'une souscription du Ministère des Affaires étrangères) (Propagande de guerre).

Les Causeries Publicitaires Dédiées aux Détaillants. 4 »

Plans et Campagnes de Publicité, leurs rapports avec l'organisation commerciale, broché 1 20

Au Fil des Affaires, simples paroles d'énergie commerciale, broché 4 20

La Publicité et l'Industrie française . . . . *épuisé*

Carrière Nouvelle : Publicitaire 2 25

Précis intégral de Publicité, relié . . . . 18 »

broché . . . . 15 »

L'Affiche en France et à l'Étranger (Conférence faite à la *Foire de Lyon 1918*, sous le patronage du Ministère des Affaires Étrangères 1 50

EN PRÉPARATION :

Les Grands Principes de la Vente.

Petites Affaires de Vente par Correspondance.

Le Magasin Moderne (Devantures, enseignes et étalages considérés au point de vue publicitaire).

L'Organisation du Bureau. Les Classements.

L'Organisation des Services Commerciaux dans les Entreprises Industrielles.

LA PUBLICITÉ INDUSTRIELLE

LA SEULE RAISON D'EN FAIRE

Dans toutes les nations puissamment organisées, que ce soit chez les Américains et les Anglais, que ce soit chez nos adversaires d'hier, le mot « Publicité » est immédiatement évocateur de « richesse ». C'est le mot sublime qui laisse entrevoir la possibilité d'attirer de nouveaux acheteurs, d'augmenter la capacité d'achat des anciens clients, de conquérir des marchés auxquels on n'aurait pu songer sans ce nouveau moyen de commercer. Avec la Publicité, les nations actives ont porté au maximum leurs possibilités commerciales. En ces pays, Publicité = Succès.

Tandis qu'en pays étrangers ce mot, récent dans notre vocabulaire commercial, provoque l'enthousiasme, tandis que la science nouvelle qu'il représente est l'objet d'études par ceux qui sont avides d'en connaître les règles, et d'en obtenir les résultats ultimes, chez nous, souvent, le mot Publicité provoque l'incrédulité, parfois engendre la gêne. Sur ce point, comme sur bien d'autres, hélas ! nous ne sommes pas à la page, mais pas du tout. Certes ! je veux bien admettre qu'en France la réclame, encore à ses débuts, a eu quelques apôtres douteux et que son évangile a été mal prêché. Mais je constate qu'à chaque instauration des meilleures choses, il en est ainsi, et ce n'est pas parce qu'il se glisse quelques hommes imparfaits dans une profession que celle-ci doit être condamnée. N'oublions pas, surtout, que notre devoir, à nous, modernes et amateurs d'efficience, est d'étudier tout, afin de séparer l'ivraie du froment, afin de dégager la vérité du fatras d'erreurs qui l'entoure, afin, s'il y a une arme nouvelle qui nous est offerte, de nous en saisir et de la perfectionner pour mener notre combat.

C'est pour dissiper le dernier nuage de doute, c'est pour faire la pleine lumière sur ce que la publicité peut, au service de l'industrie, que je vais condenser ici quelques-uns des faits qui sont aujourd'hui notoires, patents, prouvés. Je me réjouis d'avoir, dans mes lecteurs un auditoire favorablement prévenu, qui saura faire sienne l'expérience dont sont pleins les courts chapitres de cet ouvrage.

* * *

La publicité, vous le savez, embrasse tous les moyens de vente, c'est-à-dire de recherche de la clientèle comme de tractation, ne comportant pas la présence effective du vendeur. C'est, en bref, la vente sans vendeur. Acquéreur et vendeur sont en contact par des moyens divers, presque tous imprimés. Souvent même, l'opération définitive, l'achat, ne parvient pas à réunir les deux parties qui restent chez elles. Il est évident qu'une telle méthode de commerce, allant à l'encontre des errements de jadis, alors que vendeurs et acheteurs discutaient face à face, doit être l'objet d'une étude spéciale.

Dès l'abord, je vais séparer la publicité en deux grandes catégories dont les modes d'action sont bien différents. Il est une réclame qui va trouver les gens chez eux, à domicile : catalogues, circulaires, lettres, etc., et que, de ce fait, on classe sous la dénomination de publicité individuelle. Il est en une autre : celle-ci, sous le nom de publicité générale, représente tous les moyens qui, au lieu de frapper l'individu chez lui, vont le cueillir dans la masse, au hasard : les principaux moyens de cet ordre sont l'affiche et toute la publicité de presse. Cette dernière n'est peut-être pas, en France, la plus importante par les capitaux qu'elle absorbe, mais comme elle s'impose plus évidemment partout, c'est par elle que nous allons commencer notre incursion dans le monde publicitaire.

Avant d'aller plus loin, il est nécessaire de parler chiffres. Nous sommes gens travaillant pour des résultats. Il faut donc que je vous parle des résultats à atteindre. Il ne m'est pas permis de citer ici des noms pour vous prouver que la publicité assure des ventes complémentaires et nouvelles et enrichit chaque jour de nombreuses entreprises. Il vous suffit de regarder autour de vous pour vous rendre compte qu'en France les Industriels qui ont utilisé la publicité avec une inten-

La présence d'un ouvrier en fonction de travail à côté d'une machine donne l'idée d'action, de vie, de production. Elle retient davantage l'attention et intéresse plus qu'une machine seule.

sité persistante en ont fait un facteur de leur succès. Mettons que ce ne soit pas le seul ; mais constatons. D'autre part, croyez-vous que ceux qui font de la publicité continueraient à en faire s'ils n'y trouvaient un certain profit ? Il y a bien quelques entreprises qui estiment pouvoir dépenser sans résultat ; mais à côté d'elles, la masse ne sort deux fois de suite un billet de cent francs que si, la première fois, le billet a rapporté quelque chose.

Donc, la publicité rapporte. Et, comme tout élément d'enrichissement, elle peut et doit rapporter davantage, si l'on en étudie les rouages.

***

Pourquoi fait-on de la publicité ?

L'analyse de ce problème est toujours décevante. Il n'est peut-être pas 5 o/o des industriels qui fassent de la publicité sur une base efficiente, comme ils étudient les machines qu'ils créent, les usines qu'ils dirigent, le personnel qu'ils commandent.

Le plus souvent, on sacrifie quelques sommes parce qu'un courtier tenace est venu dix, vingt fois, vous importuner. Ce courtier, on l'a mis à la porte, il est entré par la fenêtre. Pour avoir la paix, lassé et sans aucune conviction, on lui a remis un ordre d'insertion, le plus petit qu'on a pu, ordre auquel on ne portera aucun intérêt par la suite.

D'autre fois, l'industriel entretient des rapports cordiaux avec son journal technique. Il le connaît, il suit ses efforts, il sait que le journal épouse sa cause ; dans ce cas, l'industriel se fait un devoir de manifester sa sympathie à l'organe qui le défend ou contribue à le documenter, et il lui remet alors une annonce dont il se désintéressera d'autant plus qu'en son esprit il s'agit d'un témoignage de sympathique reconnaissance et non d'un acte commercial.

Et nombreux sont ceux qui se jettent dans l'arène publicitaire uniquement parce que le concurrent les y a précédés. Ceux-là n'ont qu'un but : faire comme les autres, ennuyer les autres. Ceux-là, sans viser à aucune rationalité, se figurent parfois qu'un petit texte suffira, pourra les défendre contre des adversaires plus largement installés dans les pages spéciales du journal et, d'autres fois, le besoin d'écraser les concurrents leur fait adopter des formats qui, pour être productifs par la masse, ne sont pas raisonnés et dont les éléments sont améliorables sur bien des points.

Voici donc les trois grandes classes d'annonceurs actuels. Ces classes se trouvent aussi bien en milieux commerciaux ou pharmacologiques que dans les milieux industriels. Elles représentent l'erreur générale et elles sont cause que la publicité ne rend, à l'intéressé comme à la collectivité, qu'une infime partie de ce qu'elle pourrait produire. Nous verrons bientôt que la publicité est une semence, laquelle ne germe et ne fructifie que si son terrain est préparé et enrichi d'engrais.

***

Pourquoi il n'en faut pas faire ?

C'est une erreur de remettre une annonce à un courtier pour se débarrasser de celui-ci. D'abord parce qu'une fois que vous aurez cédé à l'insistance du premier démarcheur, vous serez beaucoup plus faible pour résister à la nuée qui va s'abattre sur vous. N'ayant eu aucun argument positif contre le premier, les autres vous prouveront qu'il faut suivre le mouvement. Et c'est ainsi qu'on arrive à élargir un budget sans savoir pourquoi ni comment, et à dépenser en publicité des sommes totalement improductives.

C'est une erreur, bien pardonnable, je l'avoue, que de donner une insertion d'encouragement. Si votre annonce n'est à vos yeux qu'un témoignage d'estime accordé à l'organe d'action qui défend vos intérêts, vous ne pouvez empêcher que cette annonce soit un acte commercial, un acte qui appelle l'attention sur vous, un acte qui produira des résultats. Or, pourquoi ne pas profiter au maximum de l'argent dépensé ? Pourquoi remettre une annonce, laquelle, donnée sans conviction, ne sera pas étudiée. Par son manque d'étude, elle peut justement travailler à l'encontre de vos intérêts.

Ne perdez pas de vue, en effet, que vos concurrents n'auront pas le geste aussi large que vous; lorsqu'ils feront de la publicité après vous, ce sera pour vous nuire. Et si vous avez remis une annonce anodine, simple carte de politesse, quelques-uns d'entre eux sachant ce que vaut la réclame, vont y aller à belles dents ; leurs annonces, virulentes, petit à petit agiront et leur action se fera sentir, même contre les plus puissantes affaires.

C'est une erreur que de faire de la publicité à cause de la concurrence. En s'hypnotisant sur les compétiteurs, on ne travaille pas raisonnablement. On fait trop petit ou trop grand, ou trop agressif et souvent, parce qu'on manque de conviction, trop banal.

***

Et c'est ainsi que l'on juge mal le plus puissant moyen moderne de faire des affaires. Il faut même que la publicité ait des vertus profondes, des potentialités insoupçonnées pour, étant employée de façon irrationnelle, rendre encore quelques services à ceux qui la méconnaissent d'une façon aussi absolue.

Pourquoi il faut en faire ?

Il faut faire de la publicité uniquement parce qu'elle rapporte. En vérité, que ce soit quantitativement ou qualitativement, la publicité, indispensable en temps normaux à l'industriel, dont elle fait la fortune, doit se faire par nécessité, avec raisonnement et méthode. Elle ne doit être une faiblesse, ni une complaisance, encore moins un acte d'agression. Elle doit être faite parce qu'il faut en faire, pour sauvegarder les ventes, tout comme on est obligé de bâtir des usines, d'acheter des machines pour produire. Tout comme, dans votre plan d'action industriel, vous déterminez au préalable, pour une production supposée, l'importance de l'usine, le nombre des machines, il faut déterminer, pour votre publicité, un plan de campagne dans lequel s'harmoniseront les efforts de la publicité générale et de la publicité individuelle, plan dans lequel les journaux utilisés seront déterminés en nombre, et où les annonces seront valorisées par une étude attentive.

Quand vous aurez préparé l'efficience de votre publicité par sa prédétermination rationnelle, vous serez agréablement surpris des résultats obtenus. Alors, vous ne vous inquiéterez pas de vos concurrents dont les actes spasmodiques et irréfléchis ne sauraient vous atteindre. Alors, vous pourrez continuer votre témoignage de sympathie à l'organe qui vous défend et vous documente ; mais vous aurez, en plus, l'agréable sensation — laquelle ne déplaît à aucun homme d'affaires — d'avoir réalisé un bon placement. Alors, vous ne craindrez plus la visite des courtiers importuns ; vous ferez comme moi, vous les recevrez bras ouverts et oreilles tendues, car vous serez déterminé, par avance, à ne rien faire de plus que ce que votre plan comporte pour l'instant ; mais vous serez tout prêt à ajouter le nouveau journal sur la liste d'action future, si ce journal vous donne des faits, c'est-à-dire vous offre une nouvelle clientèle et des possibilités de gain.

Ainsi conçue, la publicité cesse de s'inscrire aux frais généraux improductifs ; elle devient le plus gros facteur d'enrichissement. Avec notre prochaine causerie, nous allons voir comment il faut acheter votre publicité.

LA PUBLICITÉ INDUSTRIELLE

LES PROFITS QU'ELLE PROCURE

La publicité, dans la presse industrielle, rapporte. Nous venons d'en faire la constatation. Cet outil impondérable du commerce moderne, comme le travail humain et autant que les machines, se présente à nous avec des finalités d'ordre pratique : des espèces. En conséquence, nous devons connaître, afin d'en tirer profit, les diverses modalités permettant d'atteindre le but envisagé.

Alors que la plupart des agents d'enrichissement assurent des résultats exclusivement directs, immédiats et tangibles, la publicité dans les organes techniques y ajoute les fruits d'actions indirectes ou différées qui n'en sont pas moins rémunérateurs. Notre tâche, maintenant, consiste à voir comment l'action immédiate, différée, directe ou indirecte de la publicité, travaille à nous procurer des bénéfices.

La clientèle de l'organe.

En tout premier lieu, l'utilisation de la presse professionnelle élargit votre champ de prospection. Elle vous met en présence d'un grand nombre d'individus, susceptibles d'écouter vos sollicitations. Il faut, en effet, reconnaître que nulle entreprise ne connaît le nom de tous ceux qui peuvent lui acheter. Ceci est exact même de l'affaire la plus puissante, disposant d'une organisation parfaite de vente par ingénieurs itinérants et utilisant un vaste système de distribution par dépôts ou succursales. A plus forte raison devons-nous noter que les industriels moyens et petits, c'est-à-dire le nombre, ignorent souvent l'adresse de la majeure partie des acheteurs à prospecter.

Le journal, dont le rôle essentiel, est de documenter pour une somme minime, s'attache une clientèle bénévole et nombreuse que l'industriel ne saurait avoir de suite, car sa proposition est fatalement moins désintéressée et plus apparemment onéreuse. Le premier bienfait du journal est donc de vous apporter sa clientèle, dans laquelle il vous est loisible d'en trouver une.

Il est une catégorie de prospectables, plus particulièrement intéressante, que l'organe industriel touche utilement. Il s'agit de ceux qui ne sont pas encore établis, mais qui le seront demain, dans un mois, dans un an. Ingénieurs, contremaîtres, chefs de service, qui rêvent de créer une affaire à eux, vous échapperaient si le journal spécial n'allait leur porter votre proposition avant qu'il ne soit trop tard. Que de fois ai-je vu les chefs de maisons nouvelles se présenter *motu proprio*, chez un fournisseur, en disant : « Il y a longtemps que je vous connais par vos annonces dans la... ou le... ». Le fournisseur, lui, ignorait son nouveau client et n'aurait jamais pu le solliciter.

Donc, l'annonce élargit vos possibilités d'action à leur maximum.

Prospectables favorablement disposés.

Le prospectable que vous abordez par vos propres moyens est un être réagissant. Il va discuter votre proposition parce que, dans l'ombre de celle-ci, il aperçoit, trop évident, votre intérêt.

Au contraire, le prospectable de la presse technique, même celui qui vient d'écarter vos offres, est attentif à toute la documentation contenue dans son journal. Il lit les annonces tout comme le texte, avec un même besoin d'information parce qu'il ne vous sent pas personnellement présent derrière votre publicité. Du fait qu'il recherche toute documentation, même publicitaire, il devient, comme disent les psychologues, réceptif à vos suggestions d'achat.

Ainsi donc, le prospectable, amené à vous par les organes professionnels, est favorablement disposé à votre égard, au lieu d'être l'indifférent ou l'opposant que vous touchez par les autres moyens de vente.

Le patronage de l'organe et l'épuration de la publicité.

Le journal industriel vous donne autre chose qu'une clientèle dont la réceptivité est harmonisée par lui à vos offres. Il vous accorde, tacitement mais effectivement, son patronage. Cette question du patronage du journal est d'une importance considérable, d'abord par les effets qu'elle provoque, ensuite, parce qu'elle se mesure, de toute évidence, à la renommée de l'organe présentant votre proposition publicitaire.

Il s'opère dans le cerveau du lecteur, à son insu, une association d'idées entre le véhicule de la publicité et celle-ci. La publicité épouse intimement tous les avantages que l'on prête au journal où elle se trouve. L'idée d'organe puissant, moderne, loyal, actif, entraîne fatalement l'idée de publicité de maisons puissantes, modernes, loyales, actives. Inversement, les annonceurs d'un journal sont victimes des suspicions dont l'organe peut être l'objet. Je sais que ce dernier cas est une exception dans la presse technique et qu'en général le patronage du journal est toujours positif et ne varie que quantitativement.

Le mécanisme de ces associations d'idées, bien qu'il soit captivant à étudier, nous entraînerait hors du cadre que nous nous sommes tracé. L'essentiel, là encore, c'était de constater le fait.

Le souci de garder intacte la réputation de leurs feuilles a conduit certains éditeurs à refuser, systématiquement, tout ce qui pourrait y porter atteinte. Le mouvement, né en Amérique, s'est timidement introduit en France. Il doit se développer chez nous. Pour ma modeste part, je ne cesse d'y contribuer de toutes façons. Je le fais, non parce que j'ai l'honneur d'être membre du plus grand Club américain de publicité, rattaché à l'Association mondiale des Clubs de Publicité et dont la devise est : Vérité, Loyauté; je le fais surtout par intime conviction. Et je vous demande, à vous, industriel qui me lisez, d'exiger que les journaux où vous figurez expurgent leurs pages de tout ce qu'elles ont de franchement malhonnête ou de simplement douteux. Ce mal de l'annonce douteuse est inconnu dans les journaux industriels, mais est une plaie dans la grande presse. Prenez-y garde, c'est l'annonce malhonnête de l'individu gagnant sans vergogne qui fait hausser anormalement les tarifs et qui dégoûte le public de la publicité, utile à l'annonceur, bienfaisante pour le public ; je l'ai montré par ailleurs (1).

(1) *La Publicité Suggestive.*

Retenons donc, de ce qui précède, que la publicité par la presse professionnelle nous donne des résultats, parce qu'elle ajoute à la valeur de votre sollicitation toute la considération dont jouit le journal.

Contribution à la Notorité.

Avec le patronage du journal, la publicité des organes techniques vous procure un autre avantage impondérable, dont l'effet est également différé, mais qui n'en contribue pas moins, quoique indirectement, au développement de vos ventes. Cet effet, c'est l'augmentation de votre notoriété.

Qu'on le veuille ou non, si stupide que ce soit, il s'attache à la « presse » grande ou petite une idée de puissance. Cette idée, partie de milieux populaires, ne s'atténue que très peu dans les sphères plus éduquées. Le fait de figurer dans un journal est, pour celui qui vous y voit, l'indice d'une supériorité. Cette idée n'est pas sans fondement. Bien qu'elle soit une simple supposition, elle s'étaie sur un raisonnement : quiconque se fait connaître et devient connu est plus puissant que celui qui reste ignoré.

Le lecteur, instinctivement, mesure cette puissance apparente à l'importance de la manifestation publicitaire. Si bien que (les chiffres dûs à l'expérience le prouvent) l'on peut formuler : le rendement d'une annonce est proportionnel au moins à l'augmentation de sa surface. Ici aussi l'instinct a vu presque juste, puisque la raison nous fait dire : celui qui paie longtemps de grands espaces doit gagner beaucoup.

Il est inutile de mettre en relief la tendance des acheteurs à aller spontanément vers les maisons notoires ou le paraissant.

On m'a objecté qu'une très importante entreprise peut très bien n'avoir qu'une petite annonce, alors qu'un industriel modeste s'en offre une grande ; en conséquence, l'apparence de notoriété serait faussée. Pas si faussée que cela, parce que, très rapidement, l'industriel modeste devient grand, tandis que la grande entreprise qui a cru pouvoir restreindre sa publicité, végète, croupit et, fatalement, décroît.

Une preuve tangible de la notoriété engendrée par la publicité et de la proportionnalité de cette notoriété aux dimensions

Une machine sans un ouvrier à côté est un corps sans âme.

Une salle d'atelier où les êtres humains sont absents donne l'idée d'abandon, de repos ou de grève.

de l'annonce, se trouve dans la façon dont les Annuaires sont consultés. A part les hommes de méthode absolue qui font leurs recherches auprès de toutes les maisons d'une rubrique, la plupart d'entre nous se contentent de limiter leurs démarches à quelques maisons. Instinctivement, le crayon bleu ou rouge choisit les noms, s'arrêtant seulement aux insertions d'une certaine importance. On mesure la notoriété à la surface !... Et c'est pour cela que de petites entreprises deviennent prospères alors que d'autres plus robustes meurent.

Il est donc bien établi que la publicité dans les journaux engendre ou amplifie la notoriété de qui la fait.

***

Commandes obtenues et demandes de renseignements.

Nous voici, à présent, devant des résultats immédiats et tangibles de vos insertions.

Le premier, celui que les inexperts ont tort de rechercher à l'exclusion de tous autres, c'est la commande. L'annonce doit provoquer et provoque des commandes. Elle fait montre, dans ce cas, d'une grande puissance d'action.

J'aurais l'occasion de prouver avec quelques détails que, pour arriver à cette fin, l'annonce ne doit pas être un banal exposé de la chose offerte. Les commandes enregistrées ne sont pas, comme la notoriété, proportionnelles seulement à la surface de l'annonce ; elles dépendent, en grande partie, de la rédaction et de la présentation de la publicité.

Le deuxième résultat tangible obtenu par la publicité de presse, c'est la demande de renseignements ou de documents. Cette espèce de sous-produit, comme d'autres sous-produits, est négligé. Comme beaucoup d'autres, il représente le plus gros facteur d'enrichissement ; de nombreuses expériences le prouvent ; mais il faut savoir l'exploiter.

Le plus souvent, on se contente d'envoyer le document demandé, sans un mot. Puis, dans la plupart des cas, le prospecté est abandonné à lui-même, considéré comme un importun qui aurait pu commander de suite. L'une de nos causeries est consacrée à l'étude de cette question et vous verrez qu'il en est des demandes de documents comme de ces déblais de minerais, abandonnés par les mineurs primitifs et que des ingénieurs expérimentés exploitent ensuite avec succès.

Dès maintenant cependant, je vous dis : provoquez d'abondantes demandes de renseignements ou de documents. Elles se produiront volontiers parce que l'intéressé éprouve la sensation d'être loin de vous, de n'être pas sous votre coupe ni sous celle de vos agents de vente. Il manifeste sans crainte son besoin de la chose offerte, besoin que vous auriez ignoré soit avec des voyageurs, soit par sollicitation postale directe car, dans ces cas, l'intéressé se serait méfié et aurait réagi.

C'est donc un rendement multiple que vous assurent vos insertions : des commandes immédiates et des commandes futures.

***

Résumons : la publicité, dans la presse industrielle, nous donne des résultats matériels immédiats : des commandes, — des résultats matériels différés : des demandes de renseignements ou de documents, des possibilités de résultats matériels du fait de l'augmentation du nombre de prospectables ; — enfin des résultats impondérables et différés résultant du patronage de l'organe, de la réceptivité de ses lecteurs et de la notoriété engendrée par l'annonce. Tout ceci se totalise en billets de mille francs et centimes.

LA PUBLICITÉ INDUSTRIELLE

COMMENT IL FAUT L'ACHETER

Vous vous attachez l'ingénieur capable. Vous achetez la machine qui augmente le rendement ou amoindrit le coût de la production. Or, à quoi vous sert de produire intensément et à moindre coût si vous n'avez, au préalable, préparé l'écoulement de la production ?

Pour écouler votre production, c'est-à-dire pour étendre votre clientèle et augmenter sa capacité d'absorption, il vous faut faire de la publicité. Comment acheter cette publicité ?

A vous, qui évaluez, dynamomètre, éprouvette d'essai ou règle à calcul en main, j'aurais voulu apporter une méthode précise, mathématique, absolue. Ceci ne se peut. Souvenez-vous, en effet, que si les merveilleux résultats de la publicité sont tangibles, son action est presque toujours du domaine de l'impondérable. Toutefois, les moyens ci-après préconisés permettent de séparer nettement les journaux qui rendent, de ceux qui ne rendent pas et de trancher, avec profit dans l'ensemble, tous les cas douteux. On ne peut demander plus.

***

Un industriel ne peut, indifféremment, faire de la réclame dans tous les organes. Un choix s'impose. Tous ceux qui rendent plus ou moins, seront retenus, les autres, rejetés impitoyablement.

Le tirage trop bas.

Le premier vice rédhibitoire d'un journal professionnel est, si j'ose dire, une insuffisance constitutionnelle : le manque de tirage (1).

(1) Par tirage, nous entendons le nombre d'exemplaires d'un numéro effectivement achetés et non la quantité tirée sur laquelle il peut y avoir, parfois, d'énormes bouillons ou des distributions presque gracieuses, inopérantes.

Or, le tirage est l'un des premiers facteurs de rendement. A qualité égale de lecteurs, une feuille tirant à 10.000 exemplaires rapporte au moins 5 fois plus que celle qui ne touche que 2.000 individus.

Il est facile de déceler la faiblesse de tirage d'un organe. Lorsque le délégué du journal porte son argumentation sur le bon marché de ses prix, méfiez-vous. Cet homme n'a aucune confiance dans la feuille qu'il représente, car la première base de cette confiance c'est le tirage substantiel. Il est impossible d'associer bon marché et gros tirage.

N'inférez pas, de ceci, qu'une revue très chère est, fatalement, parfaite. Ce n'est pas obligatoire, mais cela a toutes chances d'être exact, lorsque le tarif élevé est pratiqué depuis longtemps.

Le tirage trop élevé.

A côté du tirage que l'on cache, il y a celui dont on fait étalage. Que de courtiers vous ont donné des chiffres énormes, éblouissants, pharamineux!... Là encore, méfiez-vous. Rares, très rares sont les organes industriels qui, comme le fait entr'autres l'*Usine*, peuvent déclarer loyalement le nombre exact de leurs acheteurs et abonnés. Exemple qui gagnerait à être imité dans les milieux techniques et les autres.

D'habitude, éditeurs et courtiers s'enferment dans un cercle vicieux. Les premiers, sachant que leurs compétiteurs vont grossir leur chiffre, s'empressent de prendre les devants. Quant aux courtiers, pour se donner plus de cœur au ventre, ils ajoutent encore quelques milliers d'exemplaires. C'est ainsi que j'en ai vu un annoncer de bonne foi un tirage de 60.000 exemplaires pour une feuille touchant une profession dont les membres se comptent, au plus, par 6.000. A part cela !...

Et, en admettant que le nombre annoncé soit exact à 50 o/o près, il faut élucider la question de savoir s'il s'agit d'exemplaires *tirés* ou effectivement *achetés*, car l'organe qui distribue gratuitement tous ses numéros est d'un mauvais rapport.

Sous ces réserves, vous aurez un premier indice favorable, lorsqu'il y aura concordance entre le tarif demandé et le tirage annoncé.

Lecteurs réceptifs.

Mais le tirage, si effectif soit-il, n'est synonyme de succès que si la feuille touche bien les acheteurs visés par l'annonceur. C'est là un point essentiel. La feuille qui vous offre 10.000 lecteurs retiendra moins votre attention que celle qui vous en propose seulement 3.000 si, dans le deuxième cas, les 3.000 sont, pour vous des acheteurs possibles, alors que, dans le premier, la profession des divers lecteurs ne vous laisse que 1.500 acheteurs éventuels.

Recherchez donc un organe adéquat à la chose que vous vendez. Assurez-vous que, par sa ligne de conduite, il sera lu par les diverses catégories de professions dont vous recherchez la clientèle. Cet indice, ajouté aux précédents, augmente, et de beaucoup, les chances de rendement.

Nombre et permanence des annonces.

Le nombre et la permanence des annonces dans un journal sont un critérium de sa valeur. Les annonces ne séjournent et ne se multiplient que si elles procurent des résultats.

A cet égard, je dois rassurer les annonceurs qui craignent d'ajouter leur publicité à celle d'un journal qui en est déjà copieusement pourvu. Les faits sont là pour prouver que, plus un organe contient de publicité, plus celle-ci rapporte. Cela, du reste, se comprend car, dans ce cas, la publicité est une documentation complémentaire de celle trouvée dans le texte, mais *plus immédiatement réalisable et productive.* Elle est le complément logique, indispensable de la rédaction. Au contraire, lorsque les annonces sont rares, elles ont l'air d'être une manifestation déplacée et elles perdent leur puissance d'action.

La réputation de l'organe.

Un autre facteur qui doit être pris en considération, c'est la réputation du journal et le courant d'opinion en sa faveur. Ne perdons pas de vue que nous endossons l'effet, bon ou mauvais, produit par l'organe professionnel. Un organe de bonne réputation rend plus qu'un autre, à égal tirage et à égale réceptivité des lecteurs.

L'essai, avec contrôle de rendement.

Si nous avons concordance entre le tarif et le tirage, si le journal est bien adéquat à la chose vendue, si les annonces y sont nombreuses et permanentes, si la réputation du journal est bonne, nous avons, pour nous, la somme des indices favorables. Mais n'empêche qu'une conclusion prise sur ces bases reste empirique.

Avec ce critérium, on retient seulement les meilleurs organes, mais on peut en écarter de seconde cote qui pourraient rendre des services. Comment bénéficier de cette presse professionnelle qui ne s'est pas imposée à nous du premier coup ? Pour cela, il n'est qu'une méthode, *celle de l'essai limité avec contrôle du rendement.*

Sauf donc aux feuilles de premier ordre à qui nous remettrons, sans hésitation, un contrat annuel, et en ne parlant pas de celles qui sont indignes de notre publicité, voici comment nous agirons dans les cas douteux :

Vous proposerez, au tarif de l'insertion unitaire, 3 ou 4 annonces successives, vous réservant, au cas de résultats favorables, la possibilité de transformer cet ordre d'essai en contrat annuel, les premières insertions étant imputées sur le contrat. Le nombre et la périodicité de parution des annonces varieront suivant les organes.

Pour connaître le résultat obtenu, il suffira de munir vos annonces d'une clef de contrôle. Il s'agit de repères, glissés dans le texte, variant avec chaque organe, et qui répétés involontairement (1) par le prospecté dans sa correspondance permettent de savoir l'origine de sa demande. Les clefs sont obtenues, le plus souvent, par l'adjonction d'une lettre ou d'un chiffre à la littérature proposée, ou par la façon dont est désignée

(1) En répondant aux annonceurs, n'hésitez pas à répéter la clef de contrôle si vous la voyez ; ceci ne vous engage en rien, facilite le travail méthodique de l'annonceur et permet de porter au crédit d'un organe un effort réellement accompli par lui. Vous aidez les deux parties.

cette littérature. Exemple : « catalogue 22 », « brochure Au », grande plaquette illustrée « Des Faits », etc., etc...

Lorsque ces clefs ont un sens impératif et qu'elles sont bien dissimulées, le prospecté les répète 95 fois sur cent. De toute autre façon, elles sont observées dans 75 o/o des cas. Leur nombre dicte la conduite de l'annonceur. Au cas où l'essai est franchement négatif, arrêtez les frais. Mais, si peu que les commandes ou demandes provoquées aient un aspect prometteur, il faut continuer, car, au résultat immédiat, il y aura lieu d'ajouter *l'effet cumulatif* de la publicité, celle-ci renouvelant et amplifiant son action au fur et à mesure qu'elle se répète.

Espace et emplacement.

Vous savez comment déterminer le journal qui véhiculera votre publicité. Mais, dans ce journal, quel espace allez-vous prendre, quel emplacement retiendrez-vous ?

En ce qui concerne les dimensions, les annonceurs expérimentés sont d'accord avec les théoriciens. W. Dill Scott et Münsterberg ont prouvé, dans le laboratoire, que la mémoire retient une annonce proportionnellement à ses dimensions.

Nous, simples praticiens, nous reconnaissons que, plus une annonce est grande, plus elle rapporte. En conséquence, nous pouvons formuler ce qui suit : La page est désirable en principe. Elle l'est d'autant plus que le format du journal est plus petit. Dans les très grands formats une demi-page peut, parfois, s'opposer sans gros danger à la page. Evidemment, les ressources budgétaires des débutants les contraindront à faire plus petit. Qu'ils fassent l'effort du quart de page s'ils peuvent et, au fur et à mesure des résultats, qu'ils aillent jusqu'à la page. Plus une annonce est grande, plus elle se voit, plus on peut y mettre de texte utile et plus elle paie.

***

Quant à l'emplacement à choisir, je répète ici ce que j'ai dit et prouvé à mainte reprise : la question de l'emplacement est, pour moi, secondaire. Il est, évidemment, des pages un peu plus favorables que d'autres, mais on les paie généralement en proportion. L'essentiel n'est pas d'avoir un emplacement idéal et immuable sur quoi on se repose et qu'on gâche. Ce qui importe, c'est de savoir, dans une page quelconque, s'imposer au regard, de savoir utiliser l'espace dont on dispose, non pour y étonner les gens, mais pour leur suggérer le désir d'acheter, de savoir changer son annonce souvent pour ne pas fatiguer, de savoir donner à la proposition une tournure telle qu'on la recherche, où qu'elle se trouve. Ceci fait l'objet de notre prochaine causerie.

Un simple dessin, au trait, d'une partie de machine mais avec des êtres humains, retient votre attention.

Ci-dessous un répertoire alphabétique sur feuillets mobiles.

LA PUBLICITÉ INDUSTRIELLE

COMMENT LA VALORISER

En toute chose, il y a « la manière ». En publicité, plus qu'ailleurs, la manière importe. Faute de le savoir, on voit des annonces qui sont, par ignorance des concepteurs, ou banales ou maladroites, ou franchement stupides, ou déplorablement agressives. Le moindre inconvénient de telles manifestations est de ne pas faire rendre à l'espace acheté dans le journal tout ce que l'annonceur serait en droit d'attendre. Mais ce simple manque à gagner peut se transformer, exceptionnellement, il est vrai, en une perte d'autant plus sensible que l'annonce s'impose aux regards par ses dimensions et par son emplacement.

Ainsi donc, même si vous avez écrasé les compétiteurs sous une débauche d'espaces immenses, même si vous avez obtenu la page que vous supposez la meilleure dans le meilleur des organes industriels, vous n'avez rien fait. Vous avez acheté, maintenant, il reste à édifier.

Masure ou maison de rapport.

Voici bientôt quinze ans que je posais, pour la première fois, la question que je n'hésite pas à formuler encore pour vous : « Que pensez-vous de l'individu qui aurait acheté le meilleur coin de la place de l'Opéra, à Paris, et qui, sur l'emplacement, construirait une bicoque de plain-pied, couverte en chaume ? » — De toute évidence, une telle aberration est qualifiable de « folie ». Cependant, c'est cette folie que commettent, chaque jour, les annonceurs qui achètent très cher des lignes, colonnes et pages où ils installent une quelconque annonce, véritable masure du genre. L'industriel moderne ne peut ni ne doit commettre cette erreur. Si le propriétaire avisé, sur un emplacement cher, commande un bâtiment de rapport comportant de nombreux étages et une façade noble et imposante, l'annonceur ayant souci d'efficience doit, pour les mêmes raisons, exiger de ses collaborateurs une annonce contribuant à augmenter, avec la notoriété de son entreprise, le chiffre de ses ventes.

S'il y a des techniques chimiques, industrielles, agricoles, qu'il est nécessaire de respecter pour connaître le succès, nous avons également une technique publicitaire à laquelle il faut se plier si l'on veut transformer la dépense initiale du contrat en un placement à haut rendement. Je ne puis, dans le cadre que je me suis imposé, faire autre chose qu'esquisser les grandes directives de la technique de l'annonce. Ce que je vous en dirai sera suffisamment profitable pour que, si vous désiriez pénétrer plus avant dans les arcanes de cette science spéciale, vous ayiez la possibilité de puiser largement aux sources (1).

La proposition publicitaire.

Le but définitif de la publicité est de faire acheter. Pour faire acheter, il faut créer, chez le prospecté, le besoin de la chose annoncée, convaincre ensuite celui-ci de la nécessité d'utiliser la chose, lui montrer ce qu'il perd en ne l'ayant pas et le décider à agir au plus tôt. Cette esquisse lapidaire donne l'ensemble de la proposition publicitaire. Nous allons voir à l'aide de quels éléments cette proposition peut être rendue concrète pour le prospecté.

L'illustration, sa rapidité d'action.

Une annonce sans illustration est un corps sans vie. L'illustration est indispensable pour les raisons suivantes. Elle constitue toujours une masse visuelle s'imposant à l'œil avant n'importe quel texte. Cette masse visuelle, si peu qu'elle contienne la reproduction de la chose proposée, objective synoptiquement la proposition. Avec elle, on justifie la phrase prêtée à Napoléon : « Un croquis rapide m'en dit plus long que le plus copieux des rapports ». Avec l'illustration, la proposition devient instantanément opérante, alors qu'il faudrait quelques minutes pour déchiffrer le texte.

(1) *La Publicité Suggestive* et *Précis Intégral de Publicité*.

Le choix de l'illustration n'est pas indifférent. La chose proposée doit y figurer au tout premier plan. S'il s'agit d'une chose unique, c'est facile. Par contre, si les choses vendues sont multiples, il faudra demander au texte de résumer la multiplicité en un titre générique évident. C'est une erreur de vouloir entasser, dans une image graphique, tous les objets vendus s'ils sont nombreux. Il se produit de la confusion. Dans un tel cas le mieux est, sous une rubrique générique, de faire défiler, en des annonces successives, chacune des choses proposées, si leur multiplicité n'est pas exagérée. Si, au contraire, le nombre empêche d'observer ce conseil, on synthétise les objets proposés en séries et l'on figure successivement les objets des plus caractéristiques des séries, le texte faisant le reste.

Les moyens d'identification.

Il est bon, chaque fois que possible, de mettre en évidence, soit par un dessin complémentaire ou par une mise en valeur spéciale, les moyens d'identification de la chose vendue, c'est-à-dire ce qui permet de la différencier nettement de ses concurrentes : particularités techniques, marques de fabrique, conditionnement s'il y a lieu, etc...

La chose en action et les résultats.

(*Voir planches hors texte* I, II, III, pages 9, 17, 25.)

La reproduction d'une chose proposée, notamment d'une machine, reste froide et inerte si, à côté, ne figure en tout ou partie l'être humain qui s'en sert. Il faut donc, selon nos termes de techniciens publicitaires, présenter « la chose en action ». Le fait d'avoir, avec la chose proposée, l'être humain en position de travail, engendre l'impression d'action. Cette impression est plus importante qu'on ne le croit, car elle est démonstrative de l'utilisation. Elle donne une impression favorable. C'est ainsi que la vue d'un atelier dont le personnel est absent donne l'idée d'un atelier chômant et abandonné, alors que la présence des ouvriers en fait une ruche active. Or, l'activité entraîne l'activité, l'acte suggère l'acte d'acheter.

Je désire mieux encore. Puisque l'illustration est plus rapidement agissante que le texte, pourquoi ne pas en tirer parti de suite pour montrer les résultats assurés par la chose proposée ? Mettez donc en relief, quand vous le pourrez, dans votre illustration, la production réalisée, les avantages procurés, soit objectivement, soit à l'aide d'un graphique, ou de toute autre façon.

Et, bien qu'il faille, dans les illustrations, tous les éléments ci-dessus : c'est-à-dire chose, être humain et résultats, il est nécessaire de combiner ces éléments de façon telle que le tout soit simple, très simple. Rien n'est beau comme ce qui est simple. L'illustration sera disposée de façon à faciliter la lecture du texte.

Dans une annonce, l'illustration n'occupera qu'une partie de la surface, environ 1/5 dans les petits formats, 2/5 dans les grands.

Le texte — Long ou court?

L'illustration rend notre proposition synoptique ; mais elle est loin d'avoir exposé tout ce que nous avons à faire savoir au prospecté. Avant d'examiner les modalités générales du texte, je dois faire une observation de principe. On se figure souvent qu'une annonce doit avoir un texte très court. Cette conception fausse a réduit certaines publicités à des textes schématiques et inopérants. Avant de voir ce que sera votre texte, dites-vous bien que le but de la publicité est de vendre. Or, il ne suffit pas de montrer ce que l'on vend pour que l'achat soit résolu ; il convient de parler au prospecté, de le documenter, de le convaincre, de le décider.

Mais, me direz-vous, une annonce s'inspirant de ces principes sera longue et ne sera jamais lue. Ceci pourrait être, mais ceci n'est pas lorsque... lorsque l'on a soin de couper le texte par des titres que le grossissement rend immédiatement lisibles et dont l'enchaînement *résume l'ensemble de la proposition publicitaire.* Je parle par expérience et j'ai pu constater que des annonces lapidaires n'étaient pas lues, alors que d'autres, avec un texte « bien balancé », étaient analysées jusqu'au bout, parce que les titres, à la suite de l'illustration, avaient résumé la proposition en quelques mots et de façon intéressante.

Texte descriptif, suggérant et concluant.

Le texte nous sert à plusieurs fins. Il complète d'abord la description de la chose que l'illustration n'a pu réaliser intégralement : puissance absorbée, nombre de tours pour les machines, etc. De même, il permet de compléter ou détailler l'action et les résultats.

En ceci, le texte est purement descriptif ; en outre, il doit être suggestif. Il le sera par l'habileté de la mise en valeur des éléments ci-dessus. Il le sera surtout si, avant de décrire la chose vendue, vous avez pris soin de dire pourquoi et comment le prospecté en a besoin. Ne présentez pas une chose si le prospecté n'a été convaincu par vous qu'il en a besoin, soit pour augmenter, soit pour améliorer sa production, soit pour en diminuer le coût, etc...

Le texte sera surtout suggestif lorsque vous inciterez le prospecté, déjà convaincu par votre raisonnement et documenté sur les particularités de la chose, à agir vite. Ne laissez jamais le liseur d'annonce s'imaginer qu'il a tout le temps voulu pour commander, car alors, il vous oublie ; prouvez-lui la nécessité d'agir d'urgence.

Votre texte, dans son ensemble, sera suggestif s'il représente l'enthousiasme que vous cause la chose offerte. Soyez donc vivant et chaleureux. Mais, pas de redondance ni d'emphase ; encore moins de bluff ; ce sont des articles qui ne résistent pas à l'usage.

Le texte vous servira, enfin, à donner quelques indications sur les commodités ou particularités de vos modes de vente et de paiement, délais de livraison, etc.

J'ai dit plus haut qu'une annonce pouvait supporter un texte long. Ne confondons pas. Dites sans crainte tout ce que vous croyez de nature à documenter l'acheteur et à le faire agir ; mais dites-le dans *le plus petit nombre de mots possible.* N'hésitez pas à revoir dix fois votre texte s'il le faut, de manière à en élaguer tous les mots inutiles.

Annonces clichées et changeantess

Bien d'autres détails seraient à examiner avant que l'on puisse construire une annonce parfaite. En observant les indications qui précèdent, vous pourrez cependant faire bien. C'est déjà quelque chose.

Vous avez conçu, étudié, illustré et rédigé une annonce ; et pourtant, si vous ne surveillez l'exécution, tous vos efforts peuvent sombrer lamentablement. Faites faire un cliché. Ne remettez pas au journal le soin de composer typographiquement votre texte. Si vous avez comme collaborateur un bon technicien publicitaire, faites-lui faire la maquette et faites composer le texte chez un spécialiste. Vous livrerez au journal le galvano du texte ainsi obtenu. Le texte sera harmonieux, personnel, tant par l'allure que par le choix des caractères ; il sera, en outre, parfaitement imprimant. Parfois, on est contraint de remettre séparément cliché de l'illustration et galvano du texte ; il est préférable de livrer au journal un galvano du tout si les circonstances le permettent.

En échange du service rendu au journal en lui évitant la composition du texte, demandez *le droit de changer vos annonces aussi souvent que vous voudrez.* Nous avons vu que les industriels affligés d'une gamme trop vaste d'objets à vendre y sont contraints. Mais, n'auriez-vous qu'une seule chose à proposer, vous aurez intérêt à changer votre annonce. A revoir les mêmes clichés, le lecteur les trouve familiers et se dispense de les regarder. Les meilleurs textes, à la longue, deviennent monotones et cessent de porter. Changez donc, en vous rappelant toutefois que les diverses annonces se succédant doivent avoir, entre elles, une certaine parenté qui les enchaîne, faute de quoi la dissemblance jetterait le désarroi dans l'esprit du prospecté.

***

Nous savons comment valoriser notre publicité. Nous allons, dans la causerie suivante, voir comment nous pouvons en extraire le maximum.

LA PUBLICITÉ INDUSTRIELLE

POUR CEUX QUI EN PERDENT LES PLUS GROS PROFITS

Il semble un peu dur d'affirmer à presque tous ceux qui font de la publicité qu'ils ne récoltent que la moitié, le tiers, le quart des commandes qui les attendent ; maintes fois moins. C'est dur, mais c'est exact. La raison, c'est que, pour avoir toute la cueillette, il faut faire un effort et qu'on préfère se contenter de prendre simplement les fruits tombés de l'arbre. La raison, c'est aussi que, pour faire la cueillette, il faut un outillage spécial, — outillage de bureau, bien entendu — et que, pour éviter des complications, on préfère s'en passer.

C'est ainsi que, dans le monde de l'industrie, où tout l'esprit est tendu vers la production intense et à un moindre coût, l'on se prive de la plupart des commandes nécessaires à la vie de l'entreprise. Ceci parce que le bureau commercial en est encore à la routine et à l'empirisme, alors que le cabinet technique est tout chiffre, science, méthode, machinisme. Or, le temps n'est plus du bureau poussiéreux, aux errements antédiluviens, à l'atmosphère de somnolence, où des hommes en manches de lustrine s'embusquaient derrière des cartons archaïques et désuets, tuant le temps avec béatitude. Aujourd'hui, le bureau est une usine vivante, où l'on produit avec intensité, où l'on contrôle la production, où l'on a de l'ordre. Chaque fois qu'un meuble, qu'une machine, qu'un système produit plus qu'un autre, ce meuble, cette machine, ce système doivent y entrer. S'il est quelque retardataire qui ne veuille pas se plier à la loi du progrès, qu'il aille ailleurs, dans un bureau adéquat à sa mentalité, où il pourra croupir à son aise. Personne, au nom de la routine, n'a le droit d'immobiliser une entreprise, ni d'empêcher celle-ci de gagner tout ce qu'elle doit gagner.

Ceci dit, voyons d'où vient le vice et le remède qu'il comporte

Pourquoi l'on perd.

En une précédente causerie, nous avons vu que l'annonceur se contente presque toujours, des seules *commandes immédiates* provoquées par ses annonces : ce sont les fruits tombés de l'arbre. Il condescend parfois à proposer des catalogues et offre de donner des renseignements. Il réalise cette promesse avec plus ou moins de promptitude; mais une fois sa lettre partie, il se désintéresse absolument de l'affaire. Si la commande vient, tant mieux. Si elle ne vient pas, tant pis. Il a bien fait, lui, tout ce qu'il a pu!...

Or, l'expérience montre que l'on perd, avec cette tactique du moindre effort, au moins la moitié, souvent les deux tiers des commandes que l'on doit enregistrer; rarement moins, parfois beaucoup plus.

Franchement est-ce que ceci vaut la peine qu'on se remue ? Est-ce que ceci permet d'envisager la dépense d'un matériel peu coûteux ? Est-ce que ceci permet d'exiger d'un personnel routinier qu'il se mette à la hauteur de sa tâche ? Répondez ?

Il faut des adresses.

Voyons d'abord la méthode de travail. Ensuite nous examinerons l'outillage...

La méthode est simple. Laissons à d'autres la recherche exclusive des commandes immédiates à tout prix. *Notre but est de nous procurer le maximum d'adresses de gens intéressés que nous travaillerons ultérieurement, avec une inlassable mais méthodique persistance.*

La recherche des adresses se fait principalement en proposant au prospecté non pas un achat immédiat, souvent difficile dans la pratique, mais bien une documentation. Cette dernière sera toujours gratuite, sauf études spéciales, bien entendu, ces études spéciales devant être envisagées selon les cas.

Il est évident que si, dans le cas qui la comporte, l'on recherchait exclusivement la commande, on risquerait fort d'écarter les demandes de tous ceux dont les besoins ne sont pas immédiats. Puis, la recherche exclusive de la commande dans l'an-

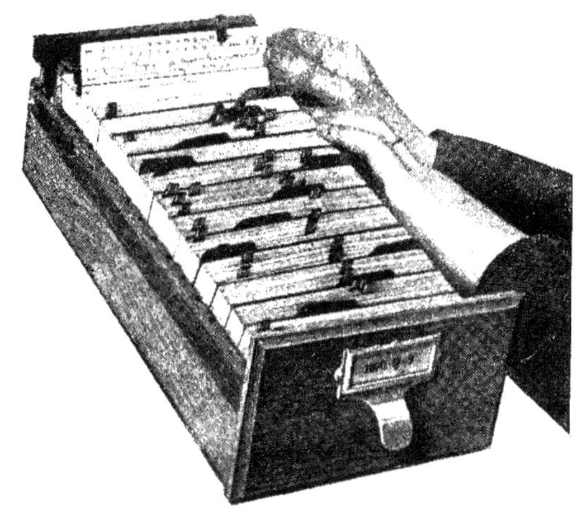

En haut, tiroir à fiches de rappels avec ses fiches. En bas, une fiche avec son cavalier et tracé courant. Le tracé doit être modifié selon les besoins de chaque entreprise.

Jours	2		6	8	10	12	14	16	18	20	22	24	26	28	30
Mois	1	2	3	4	5	6	7	8	9	10	11	12	*Dossier*		

Nom *Profession*

Adresse *Origine*

nonce arrête systématiquement tous ceux qui veulent à juste raison se documenter avant d'acheter.

Par contre si, sans entrave ni engagement, vous donnez à tous ceux qui ont ou auront besoin de la chose proposée, la faculté de se documenter, vous êtes assuré de voir tous les besoins immédiats ou futurs se manifester. Connaissant tous les intéressés, il vous est facile ensuite de les travailler en vue de les convaincre.

Posons, en fait, que l'individu qui demande un catalogue ou un renseignement est *intéressé* par la chose proposée dans l'annonce. Chez les consommateurs ordinaires on trouve parfois des curieux qui se documentent pour le plaisir de se documenter et qui n'achètent que rarement. Mais dans nos milieux industriels, celui qui prend la peine d'écrire une lettre pour demander un renseignement, a *réellement besoin* de ce qui vient derrière le renseignement. En écrivant, *il manifeste donc ce besoin*. A nous d'en profiter.

Vous allez me dire que, parfois, on comptera des années avant que le prospecté réalise ses projets, et qu'il vous faudra attendre au moins des mois, peut-être des années pour avoir la commande. C'est justement pour cela que vous devez vous *rappeler à lui* jusqu'au moment où vous aurez sa commande ou la certitude que vous ne pouvez pas l'obtenir.

Pourquoi rappeler?

Il faut, ainsi que je l'ai fait, avoir pratiqué le rappel d'offre méthodique sous toutes ses formes et dans toutes les circonstances, pour se rendre compte de ce qu'il peut produire et des raisons pour lesquelles il peut rendre.

La première des raisons du rendement des rappels est généralement le manque de temps qui fait que le prospecté diffère d'agir ; la seconde est l'oubli. Que de fois ai-je vu les prospectés se retrancher dans leur correspondance, derrière le premier motif et avouer le second. Dans ce dernier cas, notamment, le rappel provoque un acte qui n'aurait pas été accompli sans cela.

Une autre raison, c'est l'indécision, soit à cause d'un choix que le prospecté veut faire entre diverses propositions, soit parce que l'hésitation est son fait habituel. Dans ce cas, l'industriel qui rappelle a toute chance de vaincre l'hésitation et de l'emporter sur la concurrence.

D'autres fois, ce sont les moyens financiers, l'exiguité des locaux, l'absence d'un chef de service, un décès, etc., qui sont cause du retard apporté à la commande. Rappelez le prospecté et vous parerez aux effets de ces circonstances comportant inhibition.

Puisqu'un fait vaut plus que toutes les paroles du monde, laissez-moi vous mettre, entre mille, devant deux expériences personnelles. Elles vous sembleront des extrêmes parce que vous n'en avez pas la pratique. Pour moi, elles sont le pain quotidien.

32 commandes contre 6

Voici d'abord des chiffres que j'ai enregistrés, il y a tantôt quinze ans, dans une entreprise mi-industrielle, mi-commerciale, dont j'eus cinq ans durant la direction commerciale et où j'imposai l'organisation moderne et le rappel d'offres méthodique. Sur 100 demandes de catalogues reçues la première année, 6 furent spontanément l'objet de commandes, 10 transformées en commandes après des rappels au cours de la première année, 12 commandes furent le fruit des rappels de seconde année, 6 ont été portées au crédit des rappels de troisième année, 4 ont été relevées après les efforts de quatrième année ; et l'on aurait pu continuer. Soit 32 commandes dues à la méthode contre les 6 du « laisser-faire ». Non seulement les rappels se payaient à la quatrième année, mais ils laissaient une belle marge de bénéfices.

On pourrait objecter dans l'exemple ci-dessus que les 32 commandes de complément seraient venues d'elles-mêmes. L'expérience ayant été faite par comparaison avec les années antérieures a prouvé que tout au plus 10 0/0 de ce complément serait venu seul. Les 9 autres dixièmes seraient allés à la concurrence ou auraient été des projets abandonnés.

Voici une expérience plus probante encore et qui se poursuit actuellement. Nous avions des adresses de prospectés relevées depuis huit ans, elles étaient abandonnées depuis quatre ans et avaient été l'objet de quelques rappels antérieurs. Les intéressés étaient considérés comme vraiment mauvais. Tout était donc défavorable. Malgré cela, j'ai fait entreprendre des rappels, avec une implacable régularité et une méthode qu'on n'avait jamais employée jusqu'alors. Résultat : en 8 mois, le produit des rappels a donné autant que la meilleure année d'exploitation. Et il s'agissait de sous-produits considérés comme inutilisables !...

Si, du reste, vous n'étiez pas convaincu par ces chiffres, si vous désirez avoir la preuve, due à votre expérience personnelle, faites un essai. Même si les moyens choisis sont défectueux, même si vous vous trompez de moyen, même si les périodicités ne sont pas bonnes, vous obtiendrez un *résultat heureux si peu que vous soyez régulier et persévérant.*

Principes généraux des rappels.

J'aurais voulu vous donner des exemples, quant au nombre, à l'espacement, à la durée des rappels. A défaut, il m'aurait été agréable de vous mettre en face de principes généraux. Ce plaisir m'est refusé car les facteurs varient avec chaque entreprise, avec la chose proposée, avec le milieu des prospectés comme avec les moyens employés.

La lettre-formule, par exemple, très puissante comme action, demande une grande modération dans sa fréquence et dans sa forme. Les imprimés sont plus volontiers acceptés et peuvent se répéter plus souvent, de même qu'ils peuvent se permettre un peu plus d'agressivité.

Presque toujours les premiers rappels de début, sous réserves de conditions spéciales, seront rapprochés ; on peut en faire trois et utiliser la lettre-formule seule et, de préférence, secondée d'imprimés. L'emploi de la lettre-formule, alors, est légitime, car on attend la commande que laisse supposer la demande de renseignement. Ensuite, les rappels s'espaceront franchement, la lettre-formule fera place à l'imprimé ; cependant, la lettre-formule peut être reprise si un événement nouveau la motive. Quel que soit le moyen employé, n'oubliez pas de joindre un *moyen de retour* permettant au prospecté de donner sa commande ou lui servant de memorandum en vue de sa commande future. Dans tous les cas, évitez de paraître ou d'être insistant, bien que vous deviez être persévérant.

Voilà des indications. Il faudrait les adapter à chaque cas et les compléter de multiples précisions de détail. L'essentiel était d'éveiller votre attention ; c'est fait.

Méthode et matériel.

Les rappels rendent peu s'ils sont faits par à-coups et sans prédétermination. Le plan adopté peut être défectueux, mais il rendra beaucoup plus, s'il est suivi avec méthode et persistance, que les plus belles trouvailles utilisées irrégulièrement.

Les rappels ne doivent pas être une sujétion ; il ne faut pas que l'on aie à penser à les faire tel ou tel jour. Ils doivent pouvoir être envoyés automatiquement. Méthode et automatisme demandent un matériel.

Dans le premier des exemples cité plus haut, j'ai pu limiter la dépense à 18.000 dossiers qui coûtaient alors (heureux temps !) 3 francs le cent et à 2 boîtes à fiches que le menuisier de l'entreprise fit pour 30 francs. Et c'est tout. Cela a fonctionné à merveille durant mes 5 ans de présence et, depuis lors, cela continue non moins bien avec le même matériel d'occasion augmenté par suite de l'arrivée de prospectés et clients nouveaux. Mais, si j'ai pu consentir ce tour de force d'économie, je déclare que quelques centaines de francs de mobilier spécial n'auraient rien gâté. Ils auraient apporté, avec des commodités, un gain de temps supplémentaire appréciable.

La fiche individuelle.

(*Voir planche hors texte* IV, page 33.)

La base du rappel, c'est *la fiche individuelle* établie de façon telle que l'on puisse y porter, avec la désignation professionnelle complète de l'intéressé, toutes les opérations de rappels et leurs résultats. Les libellés et tracés de fiches ne doivent pas être omnibus. Ils doivent varier avec les entreprises. Parfois même les fiches peuvent comporter l'inscription des commandes. Mais alors il ne faut pas en faire des comptes sur fiches, la comptabilité est un département et la publicité un autre. Le rappc n'est possible à assurer qu'à l'aide d'un cavalier, c'est-à-dire d'un curseur, mobile sur le haut de la fiche, pouvant être placé en face de cases comportant les jours et les mois ou toute autre période de rappel.

Les rappels ne sont pratiques que dans les entreprises où le classement moderne et logique est déjà installé. *Ce classement sera fait par dossiers individuels.* Ces dossiers seront dans l'*ordre numérique.* L'ordre alphabétique provoque des erreurs et empêche tout *contrôle* des dossiers absents, contrôle qu'assure l'ordre numérique. Le classement numérique doit être précédé d'un *répertoire* général sur feuillets mobiles, les feuilles mobiles sont *alphabétiques.* Ils ne peuvent servir aux rappels, tant parce qu'ils ne pourraient supporter le glissement des cavaliers, que parce qu'ils ne permettent pas les contrôles. On doit donc avoir, pour les rappels, *des fiches numériques individuelles,* reprenant l'ordre des dossiers dont elles sont le résumé. Il suffit de voir la situation des cavaliers chaque matin pour se rendre compte sur quelles fiches il faut agir et quand. Par la lecture du texte de la fiche, on sait ce qui doit être fait. Le cavalier est alors déplacé jusqu'à la date du prochain rappel, sauf lettres du prospecté. J'ai vu des gens, non initiés, proposer, puisque la fiche est le double en résumé des dossiers, de faire les rappels directement d'après les dossiers. Les solutions proposées sont toutes insuffisantes ; heureux quand elles ne viennent pas enlever la garantie de contrôle que donne le classement numérique. Dans de très rares cas, et encore parce que les rappels comportaient une certaine élasticité, j'ai pu rappeler directement d'après les dossiers ; mais ce sont là des exceptions et qui ont demandé des dispositions spéciales.

Parfois on peut utiliser des fiches géographiques pour les rappels, mais elles enlèvent la possibilité du contrôle.

Les rappels de commande.

Les rappels dont nous venons de nous entretenir ne visent que l'utilisation des demandes de renseignement. A côté, il faut pratiquer, lorsque faire se pourra, le rappel de commande.

Certes, l'entreprise qui aura commandé un pont sur une rivière ne sera pas sollicitable immédiatement et probablement pas pour un besoin identique ; mais il est, même dans l'industrie, des choses dont la vente se renouvelle fréquemment : outillage, matières premières, etc... Ces choses à vente renouvelée permettent le rappel après commande.

Si bien souvent « femme varie », l'homme fait de même et tel qui a commandé chez X... se réassortira chez Z..., à moins que..., à moins que X... ne pratique le rappel de commandes. En général, il suffit d'estimer les besoins supposés du client pour déterminer les dates de renouvellement des offres de service.

Dans le rappel des commandes, les relations existantes autorisent la lettre, mais sans insistance et avec doigté. Les lettres seront de préférence appuyées par une documentation adéquate.

Le rappel de commandes *maintient la clientèle de l'entreprise* et *augmente ses achats*. Il vaut donc la peine d'être pratiqué en même temps et avec la même méthode que le rappel d'offres.

***

Tout ceci, qui est long à expliquer, se fait très simplement et automatiquement tous les jours. Il suffit d'y affecter un employé pondéré et minutieux. Que ceux qui perdent les plus gros profits de leurs annonces voient si leurs recettes augmentées, *doublées*, *triplées* parfois, valent la peine d'étudier plus à fond le problème. Poser la question, c'est la résoudre.

LA PUBLICITÉ INDUSTRIELLE

ELLE NE DOIT PAS TRAVAILLER SEULE

La Publicité rapporte, comme nous l'avons vu. Nous avons même examiné un certain nombre de façons d'en augmenter le rendement. A voir la proportion des résultats obtenus, vous pourriez être tenté de croire que nous avons épuisé la gamme des facteurs de valorisation publicitaire. Il n'en est pas ainsi. Il me reste, encore, à vous mettre en face de peut-être la plus grande cause de succès : l'application du principe de coordination.

***

Du fait qu'elle est plus récente que les autres agents d'action commerciale, du fait également qu'elle fut longtemps méconnue, la publicité tend à constituer en de nombreuses entreprises un compartiment étanche, isolé, autonome. Suivant qu'elle est regardée d'un œil plus ou moins favorable, elle apparaît comme le secteur négligeable qu'on abandonne à un quelconque employé, ou elle devient le département important, envié et jalousé, dédaigneux des départements voisins. Dans les deux cas, elle est considérée comme une partie qu'on isole ou qui s'isole du reste de l'entreprise.

Pour être courante, cette pratique n'en est pas moins une erreur, erreur coûteuse, beaucoup plus coûteuse qu'on ne se le figure.

La publicité, loin d'être séparée des autres services de l'entreprise, doit travailler en étroite et constante liaison avec eux.

Forces convergentes.

Il faut admettre, en effet, qu'une entreprise ne peut connaître le succès optimum qu'autant que les forces de ses divers départements sont dirigées vers un même point. Il y a donc une nécessité du travail d'ensemble et d'une unique finalité. Toute force qui tendrait à travailler en divergence entraînerait une diminution des résultats. La publicité ne saurait échapper à cette loi.

Non seulement nous exigeons qu'elle soit coordonnée avec les autres compartiments de la vente avec lesquels elle est en étroits rapports, mais nous veillons à ce qu'elle puise, auprès des services de production, des pensées et des documents qui lui permettront d'agir utilement et opportunément.

***

Voyons tout d'abord les autres agents de vente. Parmi ceux-ci, nous trouvons toute la série de collaborateurs humains : ingénieurs commerciaux, voyageurs, dépositaires, représentants, etc., et dans un autre ordre d'idées, la correspondance.

Conjugaison avec les agents commerciaux fixes.

Quels sont les points de contact de la Publicité avec les collaborateurs de la vente. Si nous prenons l'ingénieur commercial chargé de recevoir au siège social le prospecté amené par la publicité, il est indispensable que le service de publicité sache comment agira ce collaborateur, soit au courant de ses systèmes de démonstration et de persuasion, avant de rédiger les annonces ou ceux des autres moyens de prospection publicitaire chargés de provoquer de telles visites. Des textes qui ne seraient pas en rapport avec la réalité peuvent provoquer c ez le prospecté une désillusion qui se traduira par une hésitation pour commander.

Conjugaison avec les itinérants.

En ce qui concerne les voyageurs ou tous les agents commerciaux itinérants, la publicité va nous rendre les plus grands services. Ici la liaison doit être poussée à son maximum. Les annonces, les imprimés vont, avec une logique et dans un ordre prédéterminé, éduquer le prospecté, émousser sa résistance de façon telle que lorsque l'itinérant se présentera il n'aura plus qu'à recueillir. La commande sera prise par lui sans effort.

Ici, on peut me prendre pour un retardataire et pour un ennemi de la vente directe par publicité. En fait, je ne suis contre rien. Mais à un esprit avide de comprendre comme celui de mon lecteur, je dois les raisons qui me font opter pour *l'agent humain de vente conjugué avec la publicité*, et les cas où j'en recommande l'utilisation.

Pourquoi la vente directe?

Je tolère auprès du simple particulier, et dans des limites qui ne sont pas du cadre de cette étude (1), l'emploi de la vente directe par publicité sans agent humain pour la conclusion de la vente. Cela se comprend. Le particulier a toujours eu à faire, par lui-même, tous les efforts de l'achat. Il va au magasin. choisit sur place et souvent emporte son acquisition. Il ne reçoit presque jamais chez lui la visite d'émissaires de ses fournisseurs, Dans de telles conditions, la vente directe par publicité lui supprimant le déplacement et le transport de ses emplettes apparaît comme une simplification, une commodité qu'il recherche volontiers. La présence de l'émissaire humain ne semble pas indispensable dans ce cas.

Pourquoi pas de vente directe.

Lorsque nous abordons les industriels, les commerçants, nous nous trouvons en face de toutes autres coutumes. Ces acheteurs ont été habitués à recevoir, depuis des décades. la visite des délégués de leurs fournisseurs ; ces voyageurs ou ingénieurs itinérants ont jusqu'alors éduqué l'acheteur. Ils l'ont talonné, sont revenus à la charge en des visites successives et l'ont amené à la décision finale. Souvent même, ce sont eux qui ont noté la commande évitant l'ultime effort au client qu'ils venaient de convaincre malgré lui. Les acheteurs, même dans l'industrie, ne rompent pas facilement avec de telles habitudes enracinées depuis si longtemps. La publicité les persuadera sûrement ;

(1) Voir le numéro de l'*Impresa Moderna*, de Milan, de Juin 1919. — I paradossi della vendita diretta. (Le paradoxe de la vente directe.)

mais rarement elle provoquera la *décision*. Par contre, lorsque la publicité aura fait le siège du prospecté, l'itinérant aura tôt fait d'obtenir la décision, c'est-à-dire la commande. A travailler conjointement, publicité et agents commerciaux itinérants assurent une plus grosse somme de résultats que si chacun eût travaillé isolément. L'expérience quotidienne le prouve.

Visites annoncées.

Il ne suffit pas que ces deux agents de vente soient employés simultanément, il faut qu'ils travaillent l'un par l'autre. Le voyageur saura à fond ce que dit et propose la publicité. Le service de publicité n'aura agi qu'autant qu'il aura connaissance de la méthode employée par les voyageurs, ou de celle qu'on leur aura préconisée. Le premier soin du service de publicité sera d'annoncer spécialement la visite de ses itinérants, tant par les moyens directs imprimés ou lettres-formules que par l'annonce. Voilà qui surprend : annoncer la visite d'un voyageur dans les journaux. Cependant cela est logique et cela rend. Les Américains, depuis longtemps, pratiquent le système, lorsqu'il est possible. Il en résulte pour l'entreprise une plus grande notoriété ; son délégué a beaucoup plus de poids auprès des nouveaux prospectés. Encore faut-il que les dates de parution des organes intéressés le permettent.

La clientèle à l'entreprise.

La publicité qui seconde l'itinérant et augmente sa capacité de rendement présente un avantage complémentaire. Elle contrebalance l'influence personnelle dont certains délégués ont trop tendance à abuser pour se constituer une clientèle à eux, qu'ils emportent à leur départ de l'entreprise. Chaque annonce, chaque imprimé, établissant un contact direct entre l'industriel et son client, les rapproche. Jadis, on achetait à M. X... voyageur les appareils de Z... fabricant. Aujourd'hui, grâce à la publicité, on achète les appareils de Z..., peu importe qu'ils soient présentés par le voyageur X... ou Y...

Coordination avec les agents régionaux.

Voici donc deux bienfaits de la coordination de la publicité avec les agents de vente itinérants. Le dernier d'entre eux s'apprécie encore plus lorsqu'on travaille par des représentants locaux dont l'indépendance, sans l'influence publicitaire, échapperait à tout contrôle. A leur sujet, on s'est souvent imaginé que de tels agents devaient être libres de travailler à leur guise. En ce faisant, on ne récolte qu'une faible partie des commandes que l'on doit avoir. Il est nécessaire de plier ces collaborateurs aux exigences de la vente moderne. Les représentants locaux, par inertie, négligence ou antipathie ne visitent pas tous les prospectés qui intéressent leurs mandants. Souvent ayant plusieurs représentations, ils en mettent en avant au détriment d'autres. Dans tous les cas, ils travaillent avec une méthode variant avec chacun d'eux. Une entreprise moderne ne peut admettre de tels errements. Elle doit faire des campagnes de publicité dans les zones d'action de ses représentants, graduer cette publicité comme il convient, ne lancer ses représentants que lorsque annonces et imprimés ont agi et exiger que tous les prospectés soient visités.

Ceci, évidemment, représente du travail ; mais qu'importe le travail qui coûte ou le temps que l'on paie si les deux rapportent largement ?

Le doigté.

Je ne puis, dans ces causeries, faire autre chose que lever le voile qui cache les principes ; mais, ceci fait, je sais que vous saurez appliquer le tout à votre propre cas. Une recommandation s'impose. Celle sur laquelle mon maître Taylor a insisté et dont, malheureusement, nos compatriotes n'ont pas su tenir compte. Toute modification qui change les perspectives et les modes de juger des collaborateurs doit être présentée avec doigté. Si l'on fait comprendre aux vendeurs itinérants ou à poste fixe, par une préparation habile et graduée, que la publicité va leur faire gagner plus, ce qui est exact, on est sûr de les voir essayer d'abord puis, ensuite adopter avec enthousiasme le nouveau procédé. Au contraire, si le nouveau régime est installé brutalement, ils ne voient en lui que ce qui peut être une simple contrainte et une mesure de méfiance. Là aussi, tout est dans la manière.

Conjugaison avec la correspondance.

Entre publicité et correspondance, il doit y avoir des liens non moins étroits qu'avec les agents de vente. Les deux auront un même caractère. Une publicité pressante, enthousiaste qui aurait derrière elle une correspondance falote, insipide, verrait tous ses efforts compromis... Le même souffle doit animer les deux, le style qui a soulevé l'intérêt dans l'annonce doit se retrouver dans la lettre chargée de provoquer la conclusion. La correspondance devra donc toujours suivre la publicité afin d'agir dans son prolongement. Que de commandes préparées par les annonces ont été perdues par un scribe de deuxième ordre.

Conjugaison avec la fabrication.

Enfin, la publicité n'attendra pas que la fabrication ait produit un appareil pour s'occuper de l'annoncer. Bien longtemps à l'avance elle aura suivi les efforts des ateliers et usines. Elle en profitera pour préparer l'opinion de la clientèle (sans rien dévoiler, s'il faut être discret). Lorsque la nouvelle production sortira des ateliers, elle sera d'avance vendue. Et en tout état de cause, la publicité connaîtra toute la fabrication de manière à argumenter en vue de parer d'avance aux objections qu'on pourrait faire sur les points faibles que la meilleure chose dissimule toujours en soi.

***

Jusqu'alors, nous avons étudié la publicité sous la forme presque exclusive d'annonces. Il est d'autres moyens envisagés dans notre prochaine causerie. Tous ces moyens doivent être coordonnés entre eux et avec l'annonce. Pas de forces divergentes, pas de forces parallèles, mais rien que des forces convergentes vers un point : le prospecté dont on veut faire un client.

Et quand vous aurez établi un plan de campagne coordonnant tous les moyens de publicité entre eux et avec la vente, comme avec la fabrication, lorsque vous aurez pratiqué les rappels d'offres et de commandes, lorsque vous aurez composé les meilleures annonces et imprimés, quand vous aurez choisi les journaux efficients, vous serez étonné de voir combien une faible dépense peut rapporter. Où l'empirisme était infructueux et parfois coûteux, la méthode inflexible se montrera toujours la multiplicatrice de résultats heureux.

Faites de la publicité, mais faites-la avec méthode.

LA PUBLICITÉ INDUSTRIELLE

ET CECI AUSSI EST DE LA PUBLICITÉ

Annonces dans les journaux, affiches sur les murs, voilà certes les manifestations les plus apparentes et, conséquemment, les plus notoires de la publicité. Il ne faut pas en conclure que la science publicitaire s'arrête à l'étude de ces moyens d'action générale. Ne donner notre attention qu'à ces deux grands promoteurs de ventes serait oublier une bonne moitié du problème. Aussi, pour terminer nos causeries, dois-je donner un aperçu de ce que peut être la publicité de l'industriel

La publicité individuelle.

Nous avons vu que le but des annonces est beaucoup plus de provoquer des demandes de renseignements que des commandes. Il faut donc mettre à la disposition des prospectés les renseignements proposés. On dispose, à cet effet, de deux ressources. D'une part, nous avons à notre service l'agent commercial, ingénieur ou voyageur, ou agent régional. D'autre part, nous pouvons recourir aux moyens de *publicité individuelle.*

L'agent commercial de vente ne peut se déplacer à volonté et surtout ne peut être omniprésent. L'expérience a, du reste, prouvé qu'il vaut mieux le considérer comme agent de *conclusion* de vente que d'en faire un prospectif ou un documentaire. On obtient, en effet, un rendement supérieur avec une dépense moindre, en laissant le soin, à des moyens publicitaires adéquats, de préparer le terrain, de documenter les prospectés, d'ébranler la conviction de ceux-ci. Ces moyens peuvent, très exceptionnellement, essayer de provoquer l'achat ; mais, dans l'industrie, notamment, il faut laisser toutes les grosses tractations finales à l'agent commercial.

***

Sauf en de rares circonstances, deux catégories de moyens s'offrent à l'industriel pour renseigner le prospecté.

En premier lieu, la lettre-formule. En second lieu, l'imprimé.

La lettre-formule et ses limites.

La lettre-formule est un texte rédigé et imprimé d'avance, mais ayant absolument l'aspect extérieur d'une lettre dactylographiée, jusque et y compris la signature manuscrite et comportant envoi sous enveloppe fermée.

Ce moyen est indispensable pour une première réponse, surtout parce qu'il est, aux yeux de celui qui reçoit, une démarche courtoise et personnelle de l'envoyeur. Adresser un simple imprimé en réponse à une demande de renseignements est une faute à ne pas commettre, car la politesse et l'urbanité manifestées par la lettre rendent en supplément; les faits le prouvent.

Mais, pour se documenter, argumenter, il faut quelquefois une certaine longueur ; or, une lettre ne supporte pas la longueur. Presque toujours des illustrations sont indispensables ; or, une lettre n'en peut pratiquement contenir. Il s'ensuit logiquement que, sauf exception rare, la lettre-formule, sobre dans sa rédaction et sa présentation, n'aura pour but que d'annoncer avec d'heureux commentaires l'envoi du moyen purement documentaire.

Circulaire ou dépliant.

Quel sera l'imprimé à qui nous confierons le soin de renseigner le prospecté sur la chose vendue ? En principe, il faut bannir tout ce qui est d'une présentation insuffisante. Nous sommes à une époque où tout doit être d'un aspect extérieur irréprochable, la publicité plus particulièrement.

Si nous n'avons qu'une chose ou qu'un nombre limité de choses à vendre, la circulaire ou le dépliant suffiront. Il faudra veiller à choisir celui de ces deux moyens en rapport avec les exigences de la chose vendue et de l'argumentation. Ces imprimés documentaires, comme tous imprimés documentaires, doivent être, retenez-le bien, abondamment illustrés. L'illustration, je le précise à nouveau, en dit plus, en un coup d'œil, que les textes les plus copieux. Utilisez en plus, quand faire se pourra, les graphiques et tout ce qui est synoptiquement démonstratif.

Catalogue et fascicules.

Si, au contraire de ce qui précède, les choses à vendre sont nombreuses, nous hésiterons entre le catalogue général et les feuilles ou fascicules unitaires.

Le catalogue trouvera son utilisation lorsque l'organisation publicitaire sera embryonnaire car, alors, le catalogue envoyé constituera, auprès du prospecté, une documentation complète et permanente (à la condition qu'il s'impose à la conservation par l'intérêt de ses renseignements et sa présentation impeccable).

Par contre, si nous avons créé, comme nous allons le voir, un service de prospection directe bien établi, nous pourrons recourir aux feuillets ou fascicules unitaires traitant d'une seule chose ou d'une série de choses identiques. En adressant un de ces moyens unitaires en réponse à une demande de renseignements, nous ne diviserons pas, à la réception, l'attention du prospecté.

Bien entendu, catalogues comme fascicules s'inspireront des qualités recommandées pour la circulaire et le dépliant.

Les références.

Il n'est pas mauvais, à chaque envoi de lettre et d'imprimé documentaire, de joindre des références. Le mécanisme d'utilisation de celles-ci demande un certain doigté ; mais il reste acquis que la preuve d'un achat déjà fait par des tiers entraîne plus facilement l'achat du prospecté en raison du grand principe suggestif : l'acte incite à l'acte.

Prospection directe.

La publicité par la presse professionnelle provoque un certain nombre de demandes. Cela ne veut pas dire que l'industriel doive limiter sa seule action à celle des organes corporatifs. Le prospecté doit être emprisonné dans un cercle d'action tel qu'il lui soit impossible d'échapper à l'achat. Là, comme à la guerre, tous les moyens d'attaque doivent être employés, concurremment et non isolément.

En conséquence, il faut organiser un service de prospection directe. A cet effet, on dresse des listes de prospectables lesquels seront l'objet d'envois de moyens prospectifs directs : lorsque l'industriel n'a qu'une seule chose à vendre, circulaire ou dépliant s'impose. Par contre, au cas de choses nombreuses, nous aurons intérêt à délaisser le catalogue pour employer les fascicules multiples. L'emploi de ceux-ci correspond à la méthode médicale des doses réfractées, lesquelles accumulent progressivement l'effet sans jamais provoquer de réaction.

Quelles doivent être les dates d'envoi, les dates probables de lancement ? Voivi des questions auxquelles on ne peut répondre que par espèce. Je dois signaler que chacun de ces envois sera accompagné, lorsque faire se pourra, de références, tout comme dans le cas de réponse à une demande de renseignements.

Ce service de prospection directe sera combiné avec celui des réponses aux demandes de renseignements et demandera, nous l'avons dit, la présence ou l'affectation d'un collaborateur sérieux, méthodique, pondéré.

J'ai dit prospection directe, mais non vente directe ; le but de nos démarches par publicité individuelle n'est pas de vendre mais surtout de faciliter la tâche des agents de vente.

L'imprimé plutôt que la lettre.

L'emploi de l'offre directe soulève un grave problème que je puis trancher dans ses grandes lignes. Quoi vaut mieux, comme moyen prospectif, de la lettre-formule ou de l'imprimé ?

Certains débutants, ayant mal digéré ou approfondi leurs lectures publicitaires, se sont jetés d'enthousiasme sur la lettre-formule. N'ai-je pas vanté moi-même, plus haut, ses vertus ?

La lettre-formule, comme toute chose, doit s'employer à son heure. Opportune, elle est un moyen précieux. Importune, elle devient un danger. C'est, en effet, le moyen le plus virulent' si j'ose dire, et elle peut devenir obsédante. Suggérer provoque des résultats heureux. Obséder fait fuir le client.

Sauf quelques cas spéciaux, la lettre-formule ne doit pas être employée dans nos milieux industriels en prospection directe, ni dans les rappels de prospection directe. Elle se répète difficilement, ne dispense pas de l'imprimé documentaire et est très coûteuse. Il est donc préférable d'utiliser, dans les prospections directes, les imprimés qui peuvent se répéter à l'infini ne fatiguent jamais et sont d'un usage relativement abordable.

***

J'ai montré, en nos précédents entretiens, combien il était indispensable d'accorder à la conception, à la rédaction, à la présentation de l'annonce, des soins spéciaux. La même recommandation s'applique, sans aucune réserve, aux lettres-formules et aux imprimés dont la force de vente peut être parfois décuplée par une étude appropriée, évitant la banalité qui ne porte pas et l'excès contraire dans lequel on tombe par réaction et qui choque.

***

Vous savez maintenant pourquoi il est de la publicité inopérante alors qu'il en est qui enrichit.

A vous de voir celle qui vous convient.

IMPRIMERIE DE L'ÉDITION ET DE L'INDUSTRIE

MONTROUGE (SEINE)

Imp. de l'Edition et de l'Industrie, Montrouge (Seine).

www.ingramcontent.com/pod-product-compliance
Lightning Source LLC
LaVergne TN
LVHW020044170826
845678LV00001B/428

* 9 7 8 2 3 2 9 6 8 0 5 0 7 *